This Book Belongs To

_____

_____

Coloring Test

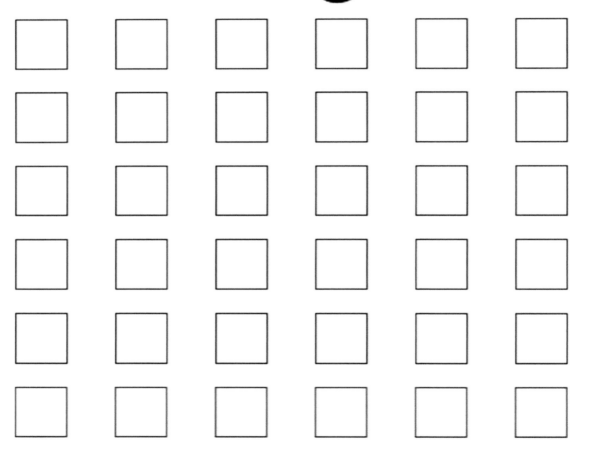

I SPY AND COUNT

I SPIED

 12

 11

 9

 8

I SPY AND COUNT

I SPIED

 15

 14

 8

 10

I SPY AND COUNT

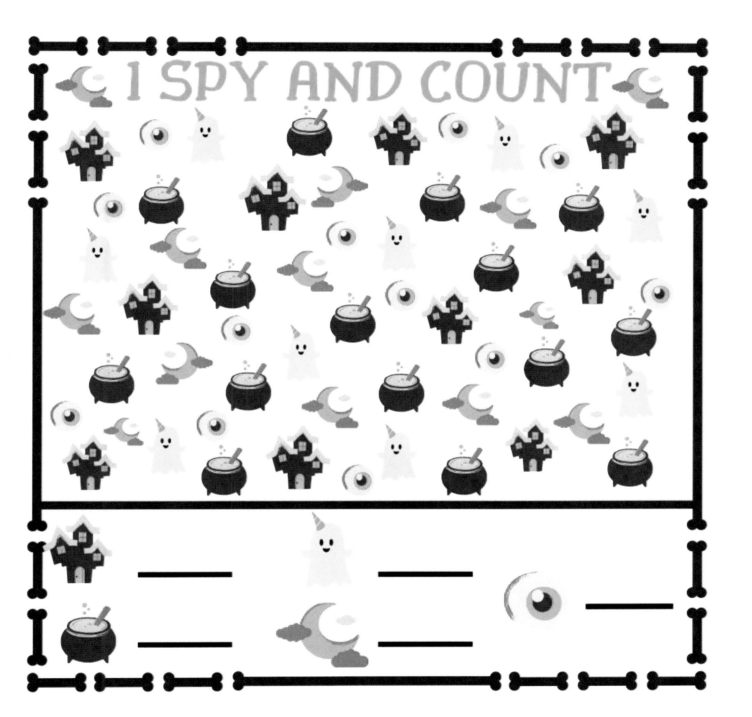

I SPIED

 10

 13

 9

 15

 12

I SPY AND COUNT

I SPIED

 10

 15

 8

 12

 9

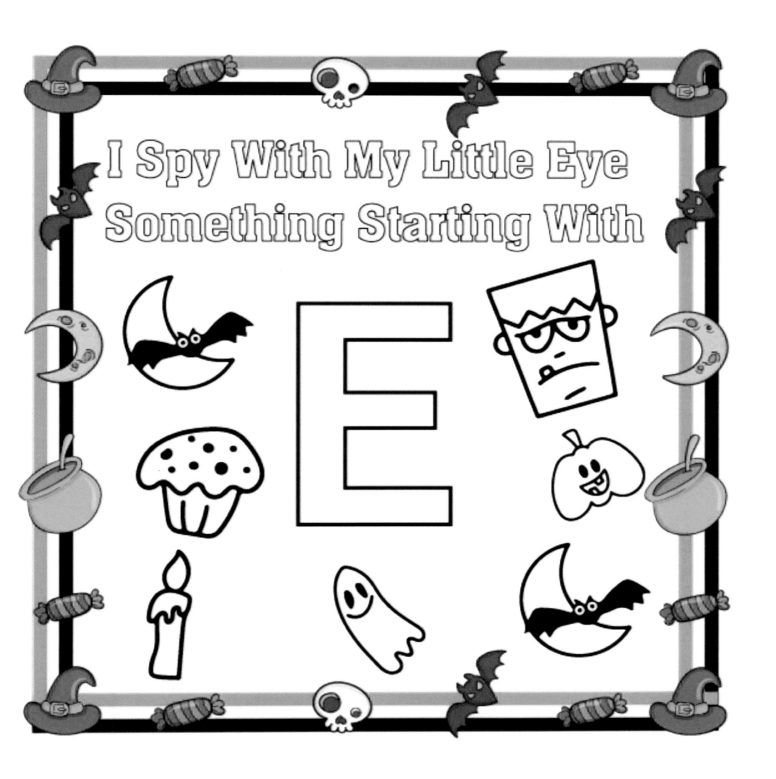

I SPIED

 10  17

 10

 14  15

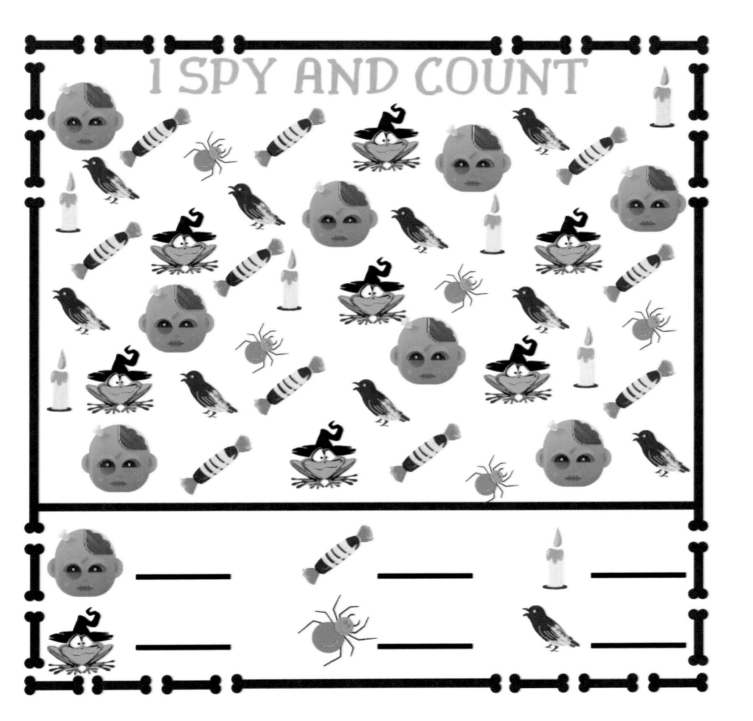

I SPY AND COUNT

I SPIED

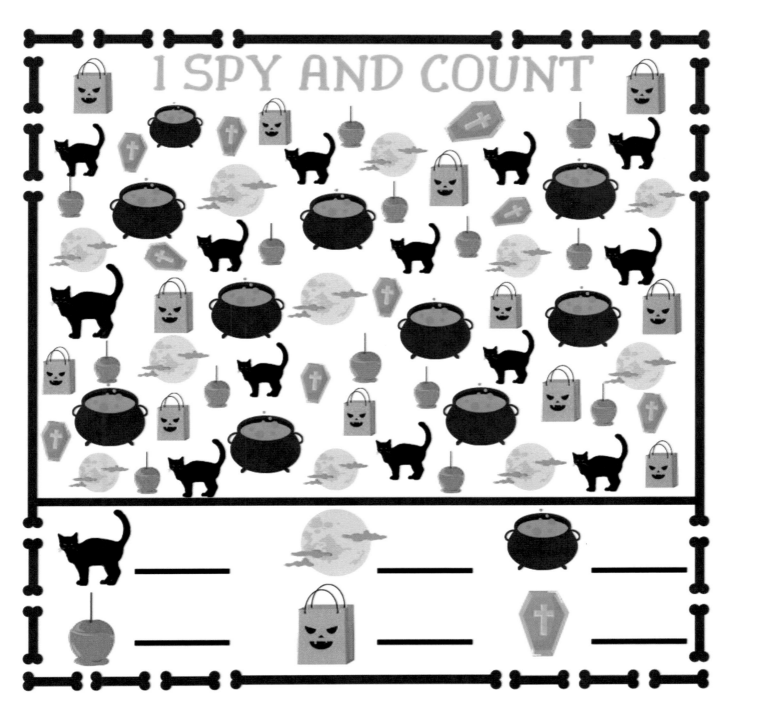

I SPY AND COUNT

I SPIED

13

10

11

14

12

9

I SPY AND COUNT

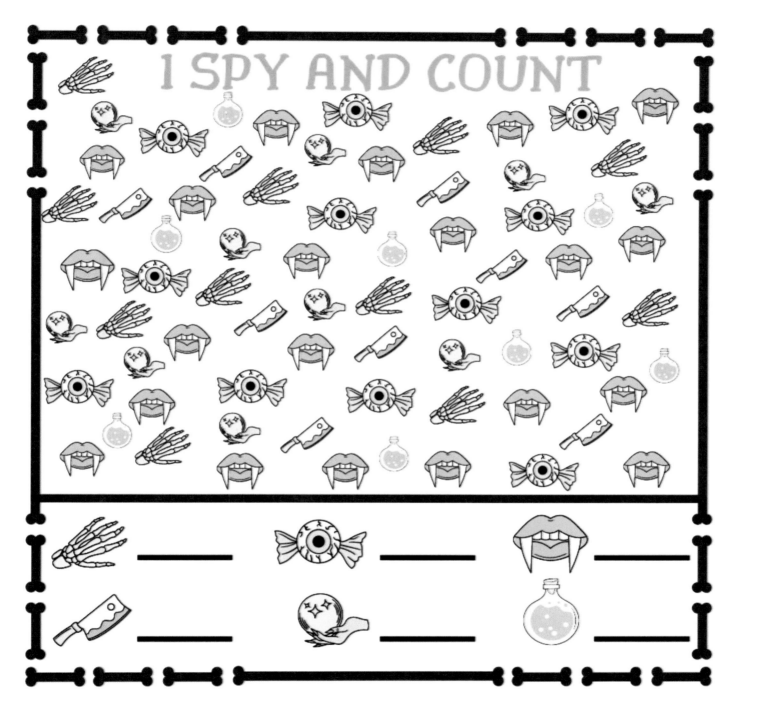

I SPIED

 21

 12

 11

 9

 8

 10

I SPY AND COUNT

I SPIED

I SPY AND COUNT

I SPIED

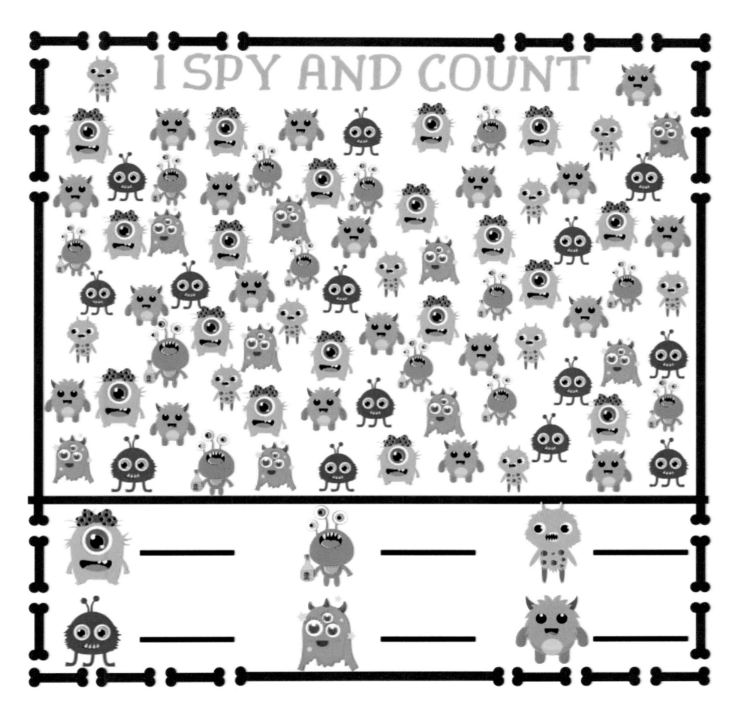

I SPY AND COUNT

I SPIED

18

13

14

9

19

10

I Spy With My Little Eye
Something Starting With

L

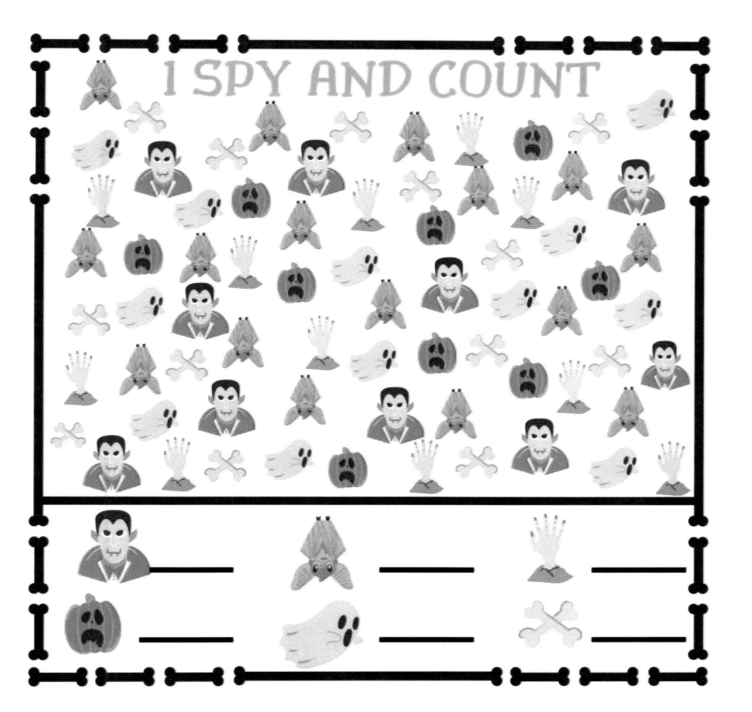

I SPY AND COUNT

I SPIED

10

16

11

9

13

12

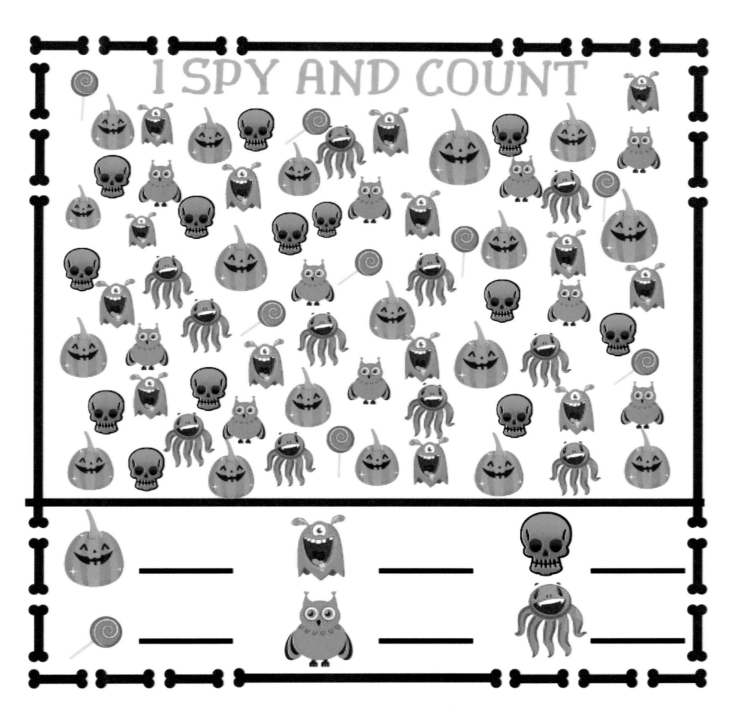

I SPIED

18

14

13

10

8

11

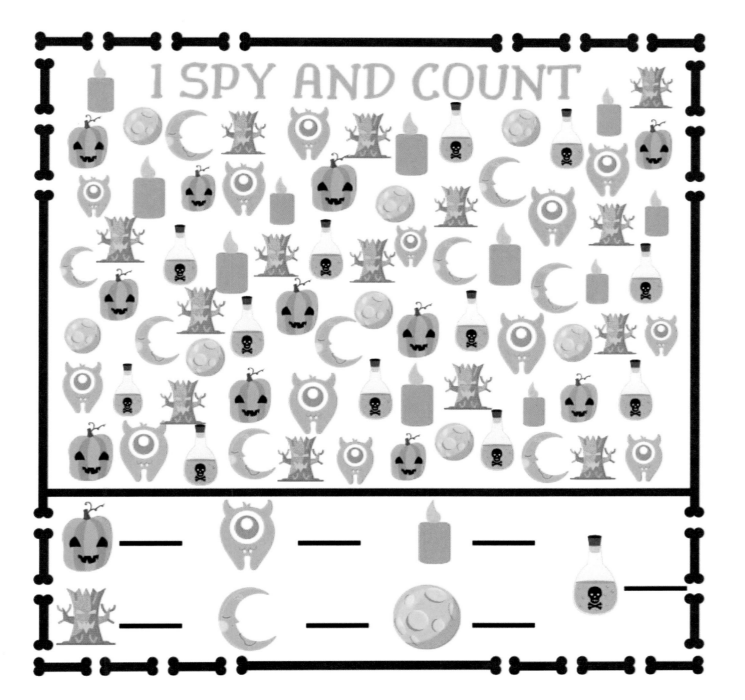

I SPY AND COUNT

I SPIED

 10

 14

 12

  13

11

 8

 9

Made in the USA
Middletown, DE
05 October 2021

49708721R00033